NO TE CONFORMES CON LA COPIA

GUÍA PRÁCTICA PARA IDENTIFICAR TU PAREJA IDÓNEA

I0697979

SAMUEL Y JOANN GONZÁLEZ

Editado por: Ofelia Pérez

OfeliaPerez.com

Power Lion Books

Manual de estudios

No te conformes con la Copia

Guía práctica para identificar tu pareja idónea

ISBN: 978-1-63752-580-7

EBook: 978-1-63684-249-3

© 2021 por Samuel y Joann González

Linaje Escogido Music

Impreso en los Estados Unidos de América

TABLA DE CONTENIDO

Cuando usamos el término "Copia", nos referimos a las personas que no son la mejor opción escogida por Dios para alguien.

Con el término "Original", nos referimos a la persona que Dios tiene separada para ti, la cual representa la mejor opción posible.

Dios usa a quien quiere, cuando quiere y de la manera que quiere para hacer llegar a tu vida la dirección que necesitas, siempre y cuando la desees.

Si le permites a Dios que te dirija y le dices que te tome de la mano, Él te llevará a los brazos de la persona correcta, a los brazos de tu ORIGINAL. Y es allí donde podrás alcanzar tu mayor potencial. Esto no ocurrirá al lado de LA COPIA.

A lo largo de estas diez sesiones, serás guiado y confrontado, te harás preguntas, quizá encuentres respuestas inesperadas y, sobre todo, recibirás la guía de Dios para determinar cómo camina tu relación y si están siendo un ORIGINAL el uno para el otro.

Anhelamos que Dios te hable fuerte y claro; y te lleve al encuentro de tu ORIGINAL.

CAPÍTULO 1

DIOS ES ESPECÍFICO EN EL TIEMPO PERFECTO

...hizo una mujer y se la presentó al hombre.
(GÉNESIS 2:22)

RESPONDER A LA VOZ DE DIOS

1. Dios mismo formó a la primera mujer y se la presentó a Adán, constituyendo la primera pareja que se menciona en las Escrituras.

2. Las Sagradas Escrituras nos habla de un hombre a quien Dios halló justo por su fe: Abraham.

3. Hubo dos elementos que cambiaron la vida de Abraham para siempre: dirección específica y sincronización impecable.

4. Al inicio de su vida caminó sin rumbo y sin propósito junto a personas de prácticas paganas, pero repentinamente escuchó la voz de Dios diciéndole: *"Vete de tu tierra y de tu parentela, y de la casa de tu padre, a la tierra que te mostraré"* (Génesis 12:1, RVR 60).

5. Abraham, el padre de la fe, hizo caso a las instrucciones de Dios de alejarse de la tierra de los caldeos hacia una tierra que más tarde se le revelaría.

6. Se necesita mucho valor para dejar atrás todo lo que se conoce, con tal de obedecer una orden divina.

7. Abraham podía sentir profundamente en su espíritu que la dirección y el tiempo de Dios no debían tomarse a la ligera.

8. Dios finalmente envió a Abraham y su familia a la tierra de Canaán y le prometió entregarle esa tierra a su descendencia (Génesis 12:7).

UNA VOZ QUE GUÍA EN LOS TEMAS MÁS IMPORTANTES

1. La vida de Abraham imparte una lección muy importante: demuestra que Dios es específico con su dirección en nuestra vida y que la obediencia trae bendición a nuestras vidas.

2. Los planes y las señales de Dios probablemente no estén alineados con nuestras expectativas, pero serán lo suficientemente específicos para que sigamos el camino correcto.

3. Aun en tiempos de angustia y desesperanza, Dios tiene la capacidad de alinear las cosas perfectamente. Eso es parte de su especificidad.

4. La Biblia enseña que Dios "se deleita en cada detalle de [nuestra] vida" (Salmos 37:23, NTV).

5. Cada día debemos preguntarnos: ¿por qué no confiar los detalles de nuestra vida en las manos de un Dios omnisciente y omnipotente?

   a. Entre esos detalles, sin duda, debe estar la decisión más personal y específica de todas: con quién casarse.

   b. Unirse en pacto matrimonial es una de las decisiones más importantes que se tiene que tomar en la vida.

6. Dios prohibió a los israelitas casarse con personas gentiles porque se desviarían con la adoración de ídolos y dioses ajenos.

7. Lo que Dios nos quiere decir es que juntarnos con la persona equivocada puede alejarnos de Él y de su propósito para nuestra vida.

¿GUIADO POR MI CORAZÓN, O POR LA VOZ DE DIOS?

1. "Quien halla esposa halla la felicidad: muestras de su favor le ha dado el SEÑOR" (Proverbios 18:22). Según

el hebreo, y en su contexto, "hallar" significa "encontrar algo buscado" [1].

2. Si la pregunta es "¿cómo sabemos qué buscar?", la corta respuesta la encontramos en Proverbios 3:7, que dice: "No seas sabio en tu propia opinión".

3. No ser sabios en nuestra propia opinión implica seguir la voz de Dios en este vital aspecto de nuestra vida.

4. Dios nos dio libre albedrío, sin embargo, si manejamos las cosas imprudentemente, y no consultamos a Dios nuestras decisiones, terminaremos con frustración y dolor.

   a. La Palabra dice que *"nada hay tan engañoso como el corazón"* (Jeremías 17:9). Por lo tanto, no debemos confiar únicamente en nuestros sentimientos para tomar una decisión tan crucial.

   b. No debemos tomar decisiones a ciegas, sin contar con todos los elementos de juicio necesarios.

---

1. Brown, F. Driver, S.R. Briggs, C.A. 1951. The Enhanced Brown-Driver-Briggs Hebrew and English Lexicon. Clarendon Press: Oxford. Pg. 1425.

c. Dios alumbrará el camino: *"Tu palabra es una lámpara a mis pies; es una luz en mi sendero"* (Salmos 119:105).

5. No debemos ignorar "las sombras".

   a. Las sombras representan las cosas o áreas en la vida de una persona que están ocultas al mundo público.

   b. Cuando damos lugar a esas sombras en nuestra vida, se podría afectar o romper una relación por la falta de transparencia.

   c. Motivos ocultos, experiencias pasadas, tendencias abusivas y otros factores negativos son ejemplos de "sombras" que solo Dios puede ver.

6. Necesitamos que Dios, a través de su Palabra (su luz), despeje las sombras e ilumine el camino hacia la decisión correcta.

7. Aunque el ser humano pueda llegar a estar totalmente fascinado con la apariencia externa, Dios ve la intención de cada corazón.

8. Dios desea que te cases con alguien que te complemente e influya positivamente en tu vida cotidiana. Él proporcionará la compañía que tu alma desea y necesita, pero debes buscar con inteligencia.

LA CAJA DE LA VERDAD

1. ¿Tu novio o novia siempre está buscando discusiones?

____

____

____

____

____

____

2. ¿Identificas el fruto de la carne en tu pareja? Esta es una alerta, no esperes que él (ella) cambie después del matrimonio.

____

____

____

____

____

____

3. ¿Te deleitas viendo a tu pareja reflejando el fruto del Espíritu?

____

____

____

____

____

____

4. ¿Tu posible pareja es fiel a Dios y a sus compromisos?

____

____

____

____

____

____

CAPÍTULO 2

"YUGO DESIGUAL" Y SU AMPLIO SIGNIFICADO

No os unáis en yugo desigual con los incrédulos; porque ¿qué compañerismo tiene la justicia con la injusticia? ¿Y qué comunión la luz con las tinieblas? ¿Y qué concordia Cristo con Belial? ¿O qué parte el creyente con el incrédulo?
(2 CORINTIOS 6:14-15, RVR 60)

COMPRENDER EL YUGO DESIGUAL

1. La palabra yugo viene del origen en latín "iugum".

2. Este término identifica el instrumento fabricado en madera, donde mulas o bueyes son atados para direccionar el arado.

3. También se suele calificar como yugo al trabajo pesado, cargas o ataduras.

4. Yunta también se emplea para nombrar a los animales o personas que trabajan en conjunto.

5. Deuteronomio 22:10 (RVR 60) nos dice: "No ararás con buey y con asno juntamente".

Dios nos dio dicha instrucción, ya que estos animales se diferencian en su tamaño, fuerza, comportamiento y velocidad para trabajar. Si estos animales son unidos para labrar la tierra bajo el mismo yugo, estas diferencias podrían causarle heridas y sufrimiento a uno de los animales, ya que hasta sus pasos son de diferentes longitudes. El resultado de esta unión provocará que el yugo esté desnivelado, creando surcos torcidos.

LOT Y SU YUGO DESIGUAL

1. Lot fue agradecido con los dos ángeles que lo visitaron para avisarle que debía huir antes de que Sodoma y Gomorra fueran destruidas.

2. También demostró que era fiel y temeroso a Dios al obedecer su mandato de salir a toda prisa y de no mirar hacia atrás.

3. Por el contrario, su esposa no tuvo la misma fortaleza y firmeza que él. Ella miró atrás porque su corazón estaba puesto en las pertenencias que estaba dejando, y no en la obediencia a Dios.

4. Lo mismo pasó con los yernos de Lot, al interpretar como una broma la instrucción de su suegro de salir a toda prisa de aquel lugar.

5. Las malas decisiones de la familia le trajeron dolor a Lot: perdió a su compañera de toda la vida.

   a. Sus hijas sufrieron lo mismo al perder a sus futuros maridos.

   b. Las malas decisiones influyeron en sus futuras generaciones.

EL YUGO DESIGUAL TRAE CONSECUENCIAS

1. Al elegir una pareja en yugo desigual, las diferencias entre ambos ocasionarán una carga más difícil de llevar para uno que para el otro.

2. Esto se refleja tanto en lo espiritual, como en lo material y emocional.

3. Para que prospere una relación desigual, uno de los dos debería renunciar a sus sueños para que el otro pueda cumplir los suyos.

4. Esto tendrá un gran impacto en las futuras generaciones: sueños frustrados y la infelicidad de no haber podido realizar lo que tanto deseaban hacer.

   Llevad mi yugo sobre vosotros, y aprended de mí, que soy manso y humilde de corazón; y hallaréis descanso para vuestras almas; porque mi yugo es fácil, y ligera mi carga (Mateo 11:29-30, RVR 1960).

LA CAJA DE LA VERDAD

1. ¿Cuál consideras que pudo ser el destino de Lot y su familia si tanto él como su esposa hubieran compartido el mismo yugo?

____

____

____

____

____

____

____

2. ¿Qué consecuencias crees que habría para las siguientes generaciones de un matrimonio en yugo desigual?

____

____

____

____

____

____

3. ¿Se puede llevar una vida entregada a Dios en un matrimonio de yugo desigual? Explica tu respuesta.

4. ¿Cómo está caminando tu relación actualmente en relación con este tema?

CAPÍTULO 3

EL YUGO PERFECTO

Porque mi yugo es fácil, y ligera mi carga.
(MATEO 11:30, RVR 60)

YUGO IGUAL, SINERGIA SIN IGUAL

1. En un yugo igual, la sinergia permite trasladar cargas pesadas o arar la tierra para prepararla para la siembra.

2. Cada persona lleva consigo sus propias cargas durante su vida, y estas son tanto físicas como espirituales.

3. Darle a Dios la oportunidad de ponernos su "yugo" es prudente y beneficioso.

4. Él es el único que puede hacer que los surcos sean hechos en la dirección correcta, y dirigir nuestros pasos para realizar el propósito que tiene para nuestra vida.

   Dame, hijo mío, tu corazón, y miren tus ojos por mis caminos. (Proverbios 23:26, RVR 60)

5. Quienes en su libre albedrío deciden unirse y no incluyen a Dios en su ecuación, no entienden la importancia de lo que estipula Eclesiastés 4:12 (RVR 60), donde dice: cordón de tres dobleces no se rompe pronto.

   a. Nuestra relación con Dios es fundamental para establecer relaciones duraderas con otras personas.

b. A través de Él se puede seleccionar entre millones de personas la mejor opción y la más compatible contigo.

TODO SE INICIA CON EL CREADOR

1. Dios creó al hombre a su imagen y semejanza, y luego vio que necesitaba una compañera (Génesis 2:16).

2. Del propio cuerpo de Adán, fue creada quien sería llamada su esposa, Eva (Génesis 2:21-22).

3. Este fue el diseño original de Dios para que fuese habitada toda la tierra. Y Él mismo se presentó como el testigo principal de esta unión.

4. Los conflictos dentro del compromiso matrimonial, que en algunos casos llega a la separación, se dan porque los contrayentes olvidan mantener en el centro a aquel que fue testigo principal en el día de la boda.

5. Darle a Dios el lugar que le corresponde en nuestro matrimonio es vivir en obediencia a su Palabra y conforme a su voluntad.

6. El error común en muchas parejas es pensar que con su propio esfuerzo pueden tener un mayor éxito en su matrimonio.

   a. Con Dios en el centro (completando el *cordón de tres*), nuestro compromiso irá de bendición en bendición.

   b. No se pretende afirmar que nunca vendrán problemas en un matrimonio unido con la bendición de Dios, ya que siempre es necesario ser probados.

      Para que la prueba de vuestra fe, mucho más preciosa que el oro, el cual perece, bien que sea probado con fuego, sea hallada en alabanza, gloria y honra, cuando Jesucristo fuera manifestado. (1 Pedro 1:7, RVES)

EL SECRETO DE LOS MATRIMONIOS DURADEROS

1. Usualmente, en las situaciones de conflicto en el matrimonio, un cónyuge culpa a la otra parte de no haberse dado lo suficiente para mantener viva la llama del amor.

2. La Palabra de Dios claramente nos insta a mirarnos a nosotros mismos. En Lucas 6:41 (VIN) encontramos: "¿Por qué miras la paja que hay en el ojo de tu hermano, pero dejas de ver la viga que está en tu propio ojo?".

3. El secreto está en esforzarnos en hacer feliz a nuestra pareja; solo así la felicidad vendrá de vuelta.

   a. No se trata de esperar el buen trato del cónyuge; tenemos que comenzar nosotros.

   b. Con el amor de Dios en nosotros, actuamos de manera distinta: ego, orgullo y celos infundados no tienen cabida.

   c. Esto trae como resultado que la puerta de la comunicación efectiva siempre esté abierta.

4. Es probable que la idea "ya lo he intentado y no funciona" pase por la cabeza de un cónyuge decepcionado. Sin embargo, es necesario intentarlo nuevamente, pero teniendo en cuenta los siguientes principios:

   a. Pon a Dios ante todo en tu vida y tu relación.

      El principio de la sabiduría es el temor de Yahweh (Proverbios 1:7, Peshitta).

   b. No esperes demostraciones de amor. Demuéstralo tú primero, pero de manera honesta y sincera.

No seas vencido por el mal, sino vence con el bien el mal (Romanos 12:21, LBLA).

c. Oren juntos en todo tiempo, incluso cuando estén pasando por dificultades. Pueden usar como modelo estas palabras:

"Padre mío, tú nos has permitido compartir este amor que viene de ti. Los problemas han llegado y no supimos cómo enfrentarlos. Hoy te entrego mi ser, ayúdame a recordar siempre el sentimiento que me unió a mi pareja y que así podamos mantenernos siempre en el verdadero amor".

5. El verdadero amor se entrega sin segundas intenciones. Es un amor como el descrito en 1 Corintios 13:4-8 (RVR 60):

El amor es sufrido, es benigno; el amor no tiene envidia, el amor no es jactancioso, no se envanece; no hace nada indebido, no busca lo suyo, no se irrita, no guarda rencor; no se goza de la injusticia, mas se goza de la verdad. Todo lo sufre, todo lo cree, todo lo espera, todo lo soporta. El amor nunca

LA CAJA DE LA VERDAD

1. ¿Qué significa el versículo *"Porque mi yugo es fácil y ligera mi carga"*?

____

____

____

____

____

____

2. ¿Tu relación con Dios en la actualidad ayuda a que la relación con tu pareja sea mejor?

____

____

____

____

____

____

3. Describe una situación en tu relación donde hayas comprobado que tu propio esfuerzo no sirvió para mantener la armonía.

____

____

____

____

____

____

4. ¿Eres de las personas que siempre da un buen trato a su cónyuge antes de esperar que él lo haga? ¿Por qué?

____

____

____

____

____

____

CAPÍTULO 4

LA ORIGINALIDAD DE DIOS VS. LAS COPIAS DEL TENTADOR

El diablo ha sido un asesino desde el principio.
No se mantiene en la verdad, y nunca dice la verdad.
Cuando dice mentiras, habla como lo que es;
porque es mentiroso y es el padre de la mentira.
(JUAN 8:44, DHH)

LA SEDUCCIÓN DE LA COPIA

1. La originalidad de Dios se manifiesta en su capacidad de creación.

2. Dios no imita, Él crea. Sin embargo, el enemigo hace todo lo contrario: te seduce con una copia de cada una de las cosas que Dios te haya prometido.

3. Una muestra es lo ofrecido por Satanás a Jesús, justo antes de que comenzara a predicar del reino de Dios (Mateo 4:1-11).

   a. Lo retó a que convirtiera las piedras en pan y le ofreció todo lo que sus ojos podían ver.

   b. Todas las formas en que Satanás intentó tentar al Mesías, lo hizo tergiversando lo original.

4. Satanás es un falsificador profesional. Es por eso que, ya sabiendo que Dios te hizo libre, te presenta todo tipo de alternativas que puedan convertirse en adicciones, para mantenerte bajo su control.

5. El alcohol, las drogas, fumar, juegos de azar, entre otras cosas, corrompen la mente y consumen tu tiempo, lo que provoca que desatiendas tu relación con Dios, tu ministerio, trabajo, matrimonio y familia.

6. Una vez que te expones accediendo a este tipo de costumbres, tu cuerpo comienza a crear dependencia, quitándote la libertad y convirtiéndote en esclavo nuevamente.

7. Piensa en cómo llevas la vida en estos días, y cuánto de ella está expuesta o sometida a las copias del Tentador. ¡Evalúate y toma la decisión de alinearte a la originalidad de Dios!

8. Cuando llevamos esto al presente, podemos hacer las siguientes comparaciones de cómo el maligno tergiversa lo creado por Dios:[2]

---

2. Consulta en línea: Eres especial / Iglesia Bautista Getsemaní De Montreal
http://www.iglesiagetsemanidemontreal.com/%C2%A1Originales--%C2%BFo-Copias-_ws56741.wsbl)

Originalidad de Dios	Copia del Tentador
Libertad	Adicciones
Sexo dentro del matrimonio	Inmoralidad sexual (fornicación, adulterio y pornografía)
Voluntad de Dios	Voluntad propia (haz lo que te parezca)
Matrimonio	Unión libre
Profecía	Adivinación
Música que honra a Dios	Música que honra al maligno

INMORALIDAD SEXUAL: LA COPIA DEL SEXO DENTRO DEL MATRIMONIO

1. Desde el principio, cuando Dios unió en matrimonio a Adán y a Eva, instituyó el sexo para la procreación, el disfrute en pareja y la unidad emocional.

2. Satanás presenta la fornicación como algo accesible. La famosa "prueba de amor" es uno de los ejemplos más conocidos.

3. Otras de las estrategias del enemigo es poner a nuestro alcance la pornografía, que corrompe fácilmente la mente y el corazón.

4. Es vital tener mucho cuidado con lo que vemos:

   El ojo es la lámpara del cuerpo. Por tanto, si tu visión es clara, todo tu ser disfrutará de la luz. Pero, si tu visión está nublada, todo tu ser estará en oscuridad. Si la luz que hay en ti es oscuridad, ¡qué densa será esa oscuridad! (Mateo 6:22-23).

5. La pornografía afecta terriblemente las relaciones matrimoniales, ya que a la persona adicta le será difícil satisfacer sus necesidades sin dejar de fantasear con otras personas.

6. Con el ejemplo del rey David al codiciar a la esposa de Urías (2 Samuel 11), vemos que tan solo bastó una mirada para que el rey abrigara deseos carnales en su corazón y luego convirtiera su deseo pecaminoso en realidad. Un solo paso errado puede conducirte a múltiples decisiones con consecuencias negativas y destructoras.

MI VOLUNTAD O LA VOLUNTAD DE DIOS

1. Dios tuvo un pensamiento, identificó una necesidad en el mundo, y decidió crearte con un propósito en específico, para que a través de ti otras personas fueran edificadas (Salmo 138:8).

2. Dios nos dejó instrucciones precisas para que nos vaya bien, y seamos de larga vida sobre la tierra. Esas instrucciones son cumplir con nuestro propósito de vida, hacer su voluntad y obedecer lo que dice en su Palabra.

3. Una de las grandes estrategias del Tentador es hacerte pensar que lo único importante eres tú.

4. Las campañas de publicidad son la herramienta de este tiempo para convencerte de autocomplacerte, creando momentos de felicidad a través de los placeres de la carne.

5. El enemigo te ofrece que hagas tu propia voluntad llevándote a los placeres temporales de la carne, y la falsa promesa de entregarte todo en bandeja de plata sin decirte la gravedad de sus consecuencias.

6. Solo Dios te ofrece lo eterno y la felicidad verdadera. Te toca a ti escoger lo que deseas para tu vida.

EL MATRIMONIO Y SU FALSIFICACIÓN

1. Al hablar de matrimonio, debemos tener la seguridad de que la persona con la que deseamos casarnos es el Original que Dios tiene separado para el resto de la vida.

2. Dios hizo para Adán exactamente a la mujer que él necesitaba; la que lo complementaba, la que le sumaba en todas las áreas de su vida y no le restaba en ninguna.

3. Lo opuesto al plan de Dios para el matrimonio es la unión libre. En ella no existe un verdadero compromiso moral, sentimental, emocional y espiritual con la pareja, y mucho menos con Dios.

4. En la unión libre las parejas piensan: "Me voy a vivir con ella (o con él) y si no me va bien, nos separamos y cada uno por su lado".

   a. Vemos que el compromiso moral y sentimental con la otra persona no existe.

   b. Asimismo, el compromiso hecho con Dios de tener una unión que dure para toda la vida tampoco está presente.

5. La Palabra es clara al respecto:

   Honroso sea en todos el matrimonio, y el lecho sin mancilla; pero a los fornicarios y a los adúlteros los juzgará Dios (Hebreos 13:4, RVR 60).

6. Fornicar es juntarse con otra persona para realizar el coito sin mediar un compromiso matrimonial entre ambos. Vivir en fornicación te aleja del plan de Dios.

7. El rostro del Mesías debe reflejarse en tu rostro. Él era y sigue siendo perfecto. No se puede ser luz si andamos en el pecado de la fornicación.

LOS RECURSOS DEL MUNDO NO DEBEN DESPLAZAR LA DIRECCIÓN PROFÉTICA

1. El propósito de Dios al utilizar a los profetas es proveer dirección, asimismo amonestar para dar oportunidad de arrepentimiento o preparación antes de que acontezcan los sucesos profetizados, ya sean favorables o no favorables.

2. Cuando se le da oportunidad a Dios para que dirija nuestra vida, Él utiliza a sus siervos, los profetas, para revelarte lo que ha de acontecer. Es muy importante tener en cuenta lo siguiente:

> *Cuando un profeta hable en el nombre de Yahweh, y esa palabra no suceda ni se cumpla, tal palabra no la ha hablado Yahweh; el profeta la ha hablado con presunción; no temas de él (Deuteronomio 18:22, Peshitta).*

3. Una de las maneras en que puedes confirmar si lo que has recibido proviene de parte de Dios o no, es orando y pidiendo señales para que Dios te confirme la palabra que has recibido.

   a. Otra manera en la que puedes pedirle a Dios que te hable es a través de los sueños. Él puede revelarte lo que desea que hagas o lo que ha de suceder.

   b. Los sueños, si no son explícitos, pueden traer un significado que debe ser interpretado por alguien que tenga el don de interpretación de sueños.

4. Hay personas que, por la curiosidad de saber lo que les depara en el futuro, deciden probar fuentes del ocultismo en vez de acudir a Dios para recibir dirección.

5. Hay otras fuentes que parecen inofensivas, pero que siguen siendo igual de abominables ante los ojos de Dios: el horóscopo, el tarot y otras.

Amados, no creáis a todo espíritu, sino probad los espíritus si son de Dios (1 Juan 4:1, RVR 60).

6. El propósito de los espíritus malignos es mantener a los seres humanos apartados de la verdadera adoración, de la verdadera conexión espiritual con nuestro Dios Todopoderoso.

EL ENGAÑO EN LA MÚSICA

1. La música fue creada por Dios. Fue hecha como método para conectarnos con Dios y adornar su trono con cánticos y alabanzas.

2. Estemos atentos, porque el enemigo utiliza la música como medio para conectarte con los placeres de la carne, recordarte cosas del pasado y hacer que vuelvas al lugar de donde ya Dios te sacó.

3. Aquí, entonces, surge una pregunta importante: ¿Cómo podemos saber cuál música escuchar y cuál no?

4. Lo que te edifica a ti no es lo mismo que necesariamente edificará a otra persona. Es complejo responder a esta gran interrogante sobre qué música escuchar, ya que lo que oímos tiene un impacto en nuestros pensamientos y en nuestros actos.

5. Tomando en cuenta los puntos anteriores, podemos concluir que debemos escuchar música cuya letra esté alineada a la Palabra de Dios, que te mantenga caminando bajo su voluntad divina y que no te desvíe hacia el descontrol de la carne.

LA CAJA DE LA VERDAD

1. ¿Consideras que Satanás se ha encargado de hacer alguna falsificación de una de las promesas de Dios en tu vida?

____

____

____

____

____

____

____

2. ¿Cuál crees que es la consecuencia más grave del sexo prematrimonial?

____

____

____

____

____

3. ¿Has sido indiferente a alguna palabra profética que te haya sido dada y luego te hayas arrepentido de no tomarla en cuenta?

____

____

____

____

____

____

4. ¿Estás escogiendo sabiamente la música que escuchas?

____

____

____

____

____

____

CAPÍTULO 5

IDENTIFICA LA PUERTA CORRECTA

Señor, hazme conocer tus caminos;
muéstrame tus sendas.
Encamíname en tu verdad, ¡enséñame!
Tú eres mi Dios y Salvador.
(Salmos 25:4-5)

NO SOSTENGAS RELACIONES SENTIMENTALES CON UNA PERSONA CASADA

1. Dios siempre tendrá lo mejor para ti: una persona que te ame, sin la necesidad de que esta relación le haga daño a nadie.

2. Es imposible que Dios bendiga una relación cuando esta le haría daño a una familia ya establecida. Una relación con una persona casada se define como adulterio.

3. Además de afectar tu vida espiritual, ese pecado te impactará emocionalmente, socialmente y aun financieramente, y puede acarrear consecuencias que duren por generaciones.

4. Existen tres sencillas razones, pero muy poderosas, por las cuales no se debe establecer una relación amorosa con una persona casada:

   a. Pierdes tu tiempo, ya que es muy difícil que una persona pueda dejar todo lo construido por años con su actual pareja.

   b. Te conformarás con las sobras, porque no puedes aspirar a tener una relación sana y de confianza, ya que solo tendrías las sobras de su actual pareja en las diferentes áreas de su vida. El ejemplo más claro es recibir afecto a escondidas.

c. Serás como un buey llevado al matadero, que va entrando a un camino de perdición y no sabe que esto le costará la vida. Aquí te enfrentas con una muerte espiritual segura, y aun podrías enfrentar la muerte física.

5. Dios nos dice que nos alejemos de una persona que ya le pertenece a otra, que no nos acerquemos a la puerta de su casa, y que mucho menos le entreguemos a la Copia lo que realmente merece el Original.

DIOS SABE MEJOR QUE NADIE LO QUE TE CONVIENE

1. ¿Quieres saber si la persona con la cual estás compartiendo es la pareja que Dios asignó para ti? ¡Pregúntale a Dios si esa es tu pareja o no!

2. Muchas personas no se atreven a hacerle esta pregunta a Dios porque su conciencia les dice que su respuesta será NO.

3. Otras preguntas que funcionan muy bien para despejar las dudas sobre esa persona especial, son: ¿Cómo él (ella) te ayuda en el ministerio? ¿Cómo te complementa espiritualmente?

4. El que una persona sea buena no quiere decir que tenga los requisitos suficientes como para ayudarte a cumplir a cabalidad el propósito de Dios en tu vida.

5. La gente que te rodea, hombres y mujeres de fe, te pueden servir como termómetro y alertarte acerca de si esa persona es o no es de bendición en tu vida.

   a. Estos hombres y mujeres de fe, al conocernos, pueden identificar si estamos en una relación tóxica o saludable.

   b. En ocasiones, nuestros hermanos espirituales, consejeros, pastores y padres, no están de acuerdo con las personas con quienes compartimos. El deber de los hijos es de obedecer a sus padres, como dice la Palabra:

   Honra a tu padre y a tu madre, que es el primer mandamiento con promesa; para que te vaya bien, y seas de larga vida sobre la tierra (Efesios 6:2-3, RVR 60).

LA DIRECCIÓN CORRECTA SIEMPRE VIENE DE DIOS

1. Dios nos permitirá discernir los espíritus. Podría suceder que recibas unas palabras, quizá bien intencionadas, indicando que estás con la persona correcta, mas la Palabra nos insta a usar el discernimiento.

2. Dios enviará señales para guiarte, así como el pueblo de Dios fue y será guiado por señales a través de la historia.

3. En Génesis 24 encontramos un maravilloso testimonio de la intervención divina, cuando le fue encomendado al siervo de Abraham buscar una esposa para Isaac.

4. Identificar la esposa para Isaac y cumplir con todos los requisitos mencionados por Abraham no fue una tarea fácil para el siervo.

5. En sintonía con la idea de consultar siempre la dirección de Dios, el siervo decidió orar pidiéndole a Dios una señal:

Sea, pues, que la doncella a quien yo dijere: Baja tu cántaro, te ruego, para que yo beba, y ella respondiere: Bebe, y también daré de beber a tus camellos; que sea ésta la que tú has destinado para tu siervo Isaac; y en esto conoceré que habrás hecho misericordia con mi señor (Génesis 24:14, RVR 60).

6. El siervo fue específico en su señal, y Dios le contestó exactamente según lo había pedido. Rebeca cumplió con todos los requisitos puestos por Abraham y, sorprendentemente, con las señales puestas por el siervo.

7. Debemos pedirle a Dios que nos describa cómo es la pareja que Él escogió para nosotros, para que nos sirva de señal. También podemos pedir señales adicionales, para que sea aún más fácil de identificar desde el primer día si la persona es una Copia o la Original.

LA CAJA DE LA VERDAD

1. ¿Cuáles son las consecuencias de envolverse en una relación sentimental con una persona casada?

____

____

____

____

____

____

2. Dios sabe lo que te conviene. ¿Él ha venido gobernando tus decisiones sentimentales?

____

____

____

____

____

3. ¿Sientes que alguna vez has recibido una señal de Dios alertándote sobre una Copia en tu vida?

____

____

____

____

____

____

4. En la búsqueda de una esposa para Isaac, Abraham, su padre, participó activamente. ¿Consideras que en estos tiempos los padres deben participar de algún modo en la elección del Original?

____

____

____

____

____

____

CAPÍTULO 6

COPIAS EN ACCIÓN

Sigan por el camino que el Señor su Dios les ha trazado, para que vivan, prosperen y disfruten de larga vida en la tierra que van a poseer.
(DEUTERONOMIO 5:33, NVI)

LA HISTORIA DE NABAL Y ABIGAIL (1 Samuel 25)

1. Por ciertos sucesos, David, con un ejército de cuatrocientos hombres, se dirigía a Carmel con la intención de matar a Nabal y a todos los que lo rodeaban.

2. Enterada Abigail, esposa de Nabal, inmediatamente salió a encontrarse con David; preparada con alimentos y animales para dárselos a David en señal de corregir la ingratitud de Nabal.

3. David terminó perdonando a Abigail y le agradeció que lo interceptara antes de que fuese a derramar sangre. La bendijo a ella y a su razonamiento. Durante la conversación David pudo apreciar los atributos de Abigail.

4. Abigail le contó a su marido todo lo sucedido. La impresión que recibió fue tan fuerte, que desmayó su corazón y a los pocos días falleció. Después de esto, David envió a sus mensajeros a buscar a Abigail y se casó con ella.

5. Por todo lo que se describe de Nabal al detalle en la Biblia, se deduce que Abigail podía estar llevando una

vida de maltrato, soportando asperezas y sin recibir ningún gesto de atención o de amor.

6. Nabal era una Copia para Abigail, al cual tuvo que soportar hasta que Dios lo quitó del camino para que llegara su Original, David.

7. La personalidad de Nabal no le permitió ver las virtudes de Abigail. Al no tener ninguna fe en el Padre Celestial, jamás se dio cuenta de la bendición que significaba tener una mujer como Abigail en su vida y en su casa.

8. Cuando llega David a la vida de Abigail, con una sola conversación pudo detectar sus cualidades positivas. David supo agradecer al Todopoderoso por su encuentro con esta sabia mujer. Abigail saltó del infierno a la gloria.

9. En el siguiente cuadro, encontramos una comparación entre Nabal y Abigail. Observa las características de cada uno y medita sobre el porqué un yugo desigual nunca trae buenos resultados.

NABAL	ABIGAIL
Malvado (de malas intenciones)	Buenos modales
Necio, terco y perverso	Prudente, sensata, sabia
Arrogante y sarcástico	Humilde
Estúpido, tonto y descontrolado	De buen entendimiento
Rudo (áspero), de mal carácter	Actuaba con diplomacia
Impulsivo y de malas obras	Discreta y astuta

¿EN QUIÉN HAS PUESTO LOS OJOS?

1. Muchos cristianos pasan por una dolorosa experiencia de vida por el simple hecho de tomar la decisión de mantener una relación amorosa con otra persona que no le conviene.

2. Hay que abrir muy bien los ojos. Muchas veces la persona, por estar enamorada, se hace la ciega, y no quiere ver lo que a simple vista se ve.

3. No hay que esperar al noviazgo o matrimonio para notar que la persona en la que has puesto los ojos es maltratadora, o se complace en humillar a otros.

4. A una Copia siempre le resaltan los atributos negativos.

5. Si pretendes disimular las cosas pensando "mi pareja no es maltratadora", solo basta con estudiar cómo reacciona a malas noticias, cómo trata a sus familiares y especialmente a sus padres. Si encuentras un comportamiento no saludable, hay que estar alerta.

6. No basta con ser "una buena persona". Dios no quiere buenas personas, sino buenos creyentes que hagan su voluntad y le obedezcan.

7. Enamorarse de una Copia e ignorar que es la persona equivocada, implica no tomar en cuenta el efecto en cadena que desata esta decisión.

SABER ELEGIR: SANSÓN Y DALILA (Jueces 13-16)

1. Sansón fijó sus ojos en una mujer filistea. Su padre lo cuestionó al respecto; sin embargo, la respuesta de Sansón fue: "Tómame ésta por mujer, porque ella me agrada" (Jueces 14:3, RVR 60).

2. Sansón se concentró en lo físico de aquella mujer, e ignoró que era una extranjera.

3. Los padres de Sansón nunca estuvieron de acuerdo con la decisión de su hijo. Sabían que era de cierta manera ir en contra del mandato que prevalecía en Israel.

4. El padre de Sansón se sintió igual que muchos padres hoy en día, cuando ven el despeñadero al que se dirige su hijo o hija, y no lo pueden evitar.

   El necio rechaza la disciplina de su padre, mas el que acepta la reprensión es prudente (Proverbios 15:5, LBLA).

5. Esta mujer fue en todo momento una Copia para Sansón, pues se concentró todo el tiempo en sacarle información en favor de los filisteos.

6. Esta Copia pereció. Luego Sansón fue a Gaza y se juntó con una ramera; otra Copia que simplemente fue pasajera y atentó contra su salud y su cuerpo, que es templo del Espíritu Santo.

7. Llega a la vida de Sansón una tercera Copia de tierras extranjeras: Dalila. Esta tercera y última Copia, al igual que la primera, era una mujer fiel a su gente filistea, los enemigos del pueblo de Israel.

8. Sansón le confesó a esta Copia el secreto de la fuente de su fuerza, lo cual ella usó para que los filisteos lo derrotaran.

9. Hay gente que vive lo mismo que vivió Sansón, enamorándose de una pareja manipuladora y agobiante.

10. Otros terminan con enfermedades mentales; la depresión los lleva a ese punto por culpa de la tristeza y el desánimo profundo que los domina.

11. Tú puedes escoger hacer la voluntad de Dios y esperar por tu Original para que te evites mucho dolor, sufrimiento, llanto, junto a Copias que solo van a dañarte emocionalmente o retrasarte en tu crecimiento espiritual.

LA CAJA DE LA VERDAD

1. ¿Cómo sabemos que Nabal era una copia para Abigail?

____

____

____

____

____

____

____

2. ¿Cuánto hay de cierto en la conocida frase "el amor es ciego"?

____

____

____

____

____

____

3. ¿Por qué crees que no basta con ser una buena persona para convertirte en el Original de alguien?

---

4. Explica cuál consideras que fue el principal error de Sansón que lo llevó a vivir entre Copias y terminar en la muerte.

PASA EN LA VIDA REAL (¡ALERTA!)

La gente estará llena de egoísmo y avaricia; serán jactanciosos, arrogantes, blasfemos, desobedientes a los padres, ingratos, impíos, insensibles, implacables, calumniadores, libertinos, despiadados, enemigos de todo lo bueno, traicioneros, impetuosos, vanidosos y más amigos del placer que de Dios.
(2 TIMOTEO 3:2-4)

1. Una persona puede ser una Copia para ti y en vez de complementarte, te va a restar. Pero si esa persona es una Copia para ti, también tú lo serás para ella porque no podrás complementarla en las oportunidades de mejora que pueda tener.

2. Reafirmamos que es la soberanía de Dios y su poder para transformar las vidas lo que convierte a alguien en un Original para otra persona.

3. Hay innumerables situaciones que podemos identificar como señal de que tenemos una Copia ante nosotros. Debemos estar alerta.

4. Si te encanta hacer algo en la iglesia o te gusta adorar a Dios de una forma específica (Ej. cantando, danzando, entre otras), y cuando estás con tu pareja te cohíbes de hacer alguna de ellas, no es una buena señal.

5. Que tu pareja quiera que le pidas permiso para todo, incluyendo salir a compartir con tu familia, no es una buena señal.

6. Oponerse a las demostraciones de afecto con la familia y mostrar celos con eso, es otra mala señal.

7. Una mala propuesta común de las copias: "Escapémonos para convivir".

8. No le des un segundo más de tu vida a una persona que mantiene otras relaciones.

9. Es importante saber que las Copias pueden llegar a recurrir a la manipulación. ¿Te dice que si te separas se quitará la vida? Es de las peores manipulaciones de una Copia.

10. Si es que has visto estas señales y no sabes cómo dejar a esa pareja, es probable que te veas envuelto en el síndrome de persona maltratada.

11. Un psicólogo te puede ayudar a entender qué es el síndrome de una persona maltratada psicológicamente. Aun no habiendo violencia física, el maltrato emocional puede estar presente. Alguien así nunca podrá ser un Original para ti.

12. En ocasiones, la copia busca la manera de alejarte de tu familia con la excusa de que no se siente cómodo o bienvenido compartiendo con ella.

13. Si tu grupo de apoyo te menciona que notan un cambio negativo en tu comportamiento mientras estás compartiendo con una pareja, ¡alerta! Puedes estar con la Copia.

14. Una pareja con una relación sana sabe que fortalecer la fe es un trabajo tanto individual como de los dos.

15. Si recibes un mensaje claro y conciso a través de un mensajero de Dios diciendo que la persona con la que compartes no es la indicada, y ya en tu corazón estaba la duda, es una señal clara de parte de Dios que estás compartiendo con una Copia.

16. Un versículo importante a tomar en cuenta para saber si estamos con el Original o la Copia es: En el amor no hay temor, sino que el perfecto amor echa fuera el temor; porque el temor lleva en sí castigo (1 Juan 4:18, RVR1960).

17. Es nuestro deber estar atentos a todo tipo de advertencias que Dios nos esté mostrando para que identifiquemos el camino correcto.

18. Dios siempre nos envía alertas para que nos demos cuenta si esa persona es realmente un complemento para nosotros. A continuación, te invitamos a desarrollar un ejercicio para que evalúes si la persona con la que estás desarrollando un plan de vida es realmente el Original que Dios tiene para ti, o una Copia.

¿Es Copia u Original?	Responde Sí o No
a) ¿La persona está libre de matrimonio?	❑ Sí / ❑ No
b) ¿Quería preguntarle a Dios si él era para mí?	❑ Sí / ❑ No
c) ¿Te suma o te resta? • Emocional ¿Sus fortalezas complementaban mis debilidades? • Espiritual ¿Me impulsaba a hacer lo que Dios me pedía? • Profesional ¿Me ayudaba a superarme profesionalmente para ayudar con el sustento de una familia?	❑ Sí / ❑ No ❑ Sí / ❑ No ❑ Sí / ❑ No
d) ¿Tu red de apoyo está de acuerdo?	❑ Sí / ❑ No
e) Filtrando por la Palabra Tratada como un "vaso más frágil" (1 Pedro 3:7).	❑ Sí / ❑ No
f) ¿Señal(es) cumplida(s) en favor de la unión? Puse múltiples señales y Dios siempre me contestaba que no.	❑ Sí / ❑ No

Luego de haber completado este análisis, te darás cuenta si la persona puede ser tu Original.

LA CAJA DE LA VERDAD

1. ¿Con cuál de los puntos estipulados en este capítulo te has identificado más?

____

____

____

____

____

____

2. Haciendo una sincera autoevaluación y teniendo en cuenta el contenido de este capítulo, ¿Consideras que el comportamiento de tu pareja se acerca más al del Original o al de la Copia?

____

____

____

____

____

____

3. Señala los comportamientos tóxicos que definen a una Copia.

____

____

____

____

____

____

4. Hemos visto que Dios convierte los fracasos en lecciones valiosas. ¿Has recibido alguna lección de Dios con alguna relación que no prosperó?

____

____

____

____

____

____

CAPÍTULO 8

UN PRESAGIO DE TU VIDA SI TE CONFORMAS CON LA COPIA

Yo había determinado tu futuro desde que te estabas formando en el vientre de tu madre; antes de que nacieras te escogí y te consagré como vocero mío ante el mundo.
(JEREMÍAS 1:5, NBV)

EL YUGO DEL EVANGELIO

1. Para que Dios desarrolle los propósitos que tiene contigo, es sumamente importante que sepas escoger la pareja correcta, para que Dios pueda obrar en tu vida con libertad.

2. Una Copia no encaja en el plan que Dios tiene para tu vida, porque tarde o temprano será una piedra de tropiezo en múltiples ámbitos de tu vida.

3. La diferencia de credos religiosos en la pareja es un obstáculo que podría representar un yugo desigual. En caso de que la pareja decidiera seguir con su relación, en un futuro sus hijos vivirán una gran confusión con dos fuentes distintas de enseñanzas.

VARIABLES EN EL YUGO

1. Si uno de los dos lleva un evangelio liberal y el otro lleva un evangelio conservador, puede haber desacuerdos basados en las diferencias de criterios, como por ejemplo, vestimenta y aseo personal.

2. El caso de Job y su mujer es un buen ejemplo de la diferencia de credo o diferencia de grado espiritual en una pareja.

a. Job 1:1 describe a este varón como intachable y recto, temeroso del Todopoderoso y apartado del mal.

b. La mujer de Job era una mujer con falta de sabiduría. Job 2:10 (RVR 60) expresa una llamada de atención de Job a su mujer. "*Y él le dijo: Como suele hablar cualquiera de las mujeres fatuas, has hablado*".

3. A pesar de las durísimas pruebas a las que fue sometido Job, y hasta desear no haber nacido, jamás demostró duda de su fe en Dios.

4. Mientras Job se mostró fortalecido en su fe, su mujer tuvo palabras muy duras contra él y contra Dios diciendo: "¿Aún retienes tu integridad? Maldice a Dios, y muérete" (Job 2:9, RVR 60).

5. La Biblia habla sobre el rey Salomón y sus mil mujeres. Se dice que "desviaron su corazón" (1 Reyes 11:3-4). Parece que Salomón se equivocó mil veces y escogió a mil Copias que dirigieron sus pasos tras dioses ajenos.

6. La diferencia de credos religiosos, cultura, costumbres y tradiciones te pueden llevar a que tu corazón deje de estar conforme al corazón de Dios y que te desvíes a prácticas equivocadas.

SALUD, DINERO, AMOR Y MÁS...

1. La manera de ver las finanzas también es un factor importante en una relación. Hay personas que siempre tienen una excusa para comprar, mientras que hay otros que buscan a toda costa que se gaste el dinero. Cualquiera de los dos extremos puede provocar problemas en las parejas más estables.

2. Es importante también observar la personalidad de cada uno. En ocasiones, se produce un choque entre alguien extrovertido y su pareja introvertida. Uno suele sobresalir en todo lugar, mientras que el otro pasa desapercibido.

   a. Se suele escuchar a un extrovertido que lleva una relación amorosa con un introvertido que dejó de amarlo porque es "demasiado bueno" o muy pasivo.

   b. La persona introvertida en ocasiones dice que rompió una relación amorosa con un extrovertido "porque llamaba la atención donde quiera que llegaba".

3. Todo extremo es negativo y perjudicial. Hay que mantener un balance en todo para que el comportamiento sea el de un hijo de Dios.

4. Los intereses de cada uno influyen enormemente. ¿Eres una persona soñadora o atrevida que está dispuesta a cumplir sus sueños, y fijaste tu mirada en una persona conformista que tendrás que cargar sobre tu espalda para poder lograr esos sueños?

5. Otro aspecto es la salud física y/o mental. Tienes que estar seguro de que esa persona en la que fijaste tus ojos realmente es tu Original, y que te va a sumar y no te va a restar para lograr el propósito de Dios en tu vida. Hay personas que se amarran a otra sentimentalmente por lástima y lo confunden con amor.

6. Si esa persona tan diferente es confirmada por Dios como el Original, el Todopoderoso los preparará a ambos de manera que puedan sobrellevar sus diferencias.

7. Si no estás en matrimonio, aún estás a tiempo para preguntarle a Dios si la persona en la que pusiste tus ojos es tu Original o es una Copia.

8. Somos seres incompletos, complementados por una pareja: "la Original" escogida por Dios. Al escoger una Copia estás aceptando cumplir a medias con el propósito para el que fuiste creado.

LA CAJA DE LA VERDAD

1. Imagina a José rechazando la voz de Dios de cubrir a María. Ahora describe lo que hubiera pasado si lo hubiera hecho.

____

____

____

____

____

____

2. ¿Cuál crees que es la forma saludable en que dos Originales deben mirar el panorama espiritual en una relación?

____

____

____

____

____

____

3. De acuerdo con tu situación actual, ¿estás siendo un buen prospecto de Original, o sientes que hay cosas por afinar?

____

____

____

____

____

____

4. ¿Estás satisfecho con la forma que llevas tu situación sentimental actual?

____

____

____

____

____

____

CAPÍTULO 9

CIERRA LAS PUERTAS A LAS COPIAS

*La gente puede considerarse pura según su opinión,
pero el señor examina sus intenciones.*
(Proverbios 16:2, NTV)

ENFÓCATE EN LA VOLUNTAD DE DIOS

1. Dios debe ocupar la posición número uno en tu vida. Cuídate de no poner a nada ni a nadie por encima de Él.

2. Durante la separación de alguien que no está en el plan perfecto de Dios para ti, es importante que te mantengas en ayuno y oración.

3. Enfócate en lo espiritual. Rodéate de personas que te ayuden en este proceso y aléjate de quienes no dan fruto.

4. Junto a tu familia o pastores, identifica toda la ayuda que requieras para manejar la situación.

5. Dependiendo de las circunstancias después de la separación con una Copia, es posible que algunas personas necesiten visitar algún psicólogo o algún profesional de la conducta humana.

6. Una vez que Dios te guía a terminar una relación con una Copia, corta con todo lo que te pueda atar a esa persona (por ejemplo: regalos, acceso en las redes sociales, contacto telefónico).

7. Puede ser un proceso difícil. "Él (o ella) es todo para mí" puede ser una frase que te mantenga bajo un yugo dañino. Debes ser consciente de que toda palabra que sale de tu boca puede afectar positiva o negativamente.

AFERRARSE A UNA COPIA VA EN CONTRA DEL PLAN DE DIOS

1. El Mesías consideró que amar a un progenitor o al fruto del vientre de una mujer más que a Él, hacía indigna a la persona de participar con Él (Mateo 10:37).

2. Amar a alguien más que a Dios, o estar dispuesto a desobedecer a Dios por estar con esa persona, es lo mismo que tener un ídolo.

3. La Palabra de Dios es clara al respecto: Amarás al Señor tu Dios con todo tu corazón, y con toda tu alma, y con toda tu mente. Este es el primero y grande mandamiento (Mateo 22:37-38, RVR 60).

4. Apartarte de una Copia por tu bienestar puede incluir dejar lugares donde frecuentabas, o que te alejes de personas o amistades que tengan en común.

5. Se trata de eliminar cualquier puerta por donde se pueda infiltrar el enemigo y hacerte volver atrás.

6. Aferrarse a regalos y detalles recibidos a lo largo de una relación es un estorbo en el proceso de sanidad.

7. Los regalos pueden provocar nostalgia, ansiedad y otros sentimientos que te pueden mantener anclado en el pasado que ya dejaste atrás.

8. A través de la oración podemos identificar todo lo que debemos eliminar de nuestras vidas para romper ataduras de una relación que no prosperó.

NO PERMITAS LAS ATADURAS ESPIRITUALES

1. Existen también los regalos malintencionados de los familiares. Este es un tema delicado. Pueden existir regalos preparados con trabajos de hechicería para mantenerte atada o atado a esa otra persona. Esto ocurre cuando la familia te ve como la persona salvadora que puede cambiar a ese ser amado que tanto dolor de cabeza les ocasiona.

2. Los servidores de Dios no somos inmunes a este tipo de pruebas espirituales. Todo cristiano tiene altas y bajas en su vida espiritual.

3. Para no ser afectado por alguna hechicería, es fundamental andar en obediencia, con la fe viva y la llama del Espíritu Santo completamente encendida.

4. Los regalos recibidos durante la pasada relación no deben ser regalados a nadie; pueden ser una maldición para otra persona.

5. Es importante tener en cuenta cerrar toda puerta que pueda representar una tentación. Esto incluye la necesidad de limpiar las redes sociales, fotos en el celular y todo aquello que pueda recordarte el pasado e incitarte a volver atrás. Si fuera necesario, considera cambiar el número de celular.

6. Existe la posibilidad de que inmediatamente después de una separación de una Copia, por lo delicado de la situación, se dé el caso de que se presente otra Copia para seguir desviándote de la voluntad de Dios.

7. No te entretengas con Copias, porque tu Original puede estar muy cerca y correrías el riesgo de no identificarlo por pasar tiempo con otra persona.

8. Cada día que pasas con una Copia, es un día menos disfrutando de la plenitud y la bendición que acompañan a tu Original.

LA CAJA DE LA VERDAD

1. ¿Aferrarse a la Copia llega a ser idolatría? Explica por qué.

____

____

____

____

____

2. Ante el rompimiento con la Copia, ¿basta la separación física?

____

____

____

____

____

3. ¿Crees que puedas ayudar a otros a detectar Originales y Copias? ¿Cómo puedes responder a este llamado?

____

____

____

____

PREPÁRATE PARA SER EL ORIGINAL DE ALGUIEN

Precisamente por eso, esfuércense por añadir a su fe, virtud; a su virtud, entendimiento; al entendimiento, dominio propio; al dominio propio, constancia; a la constancia, devoción a Dios; a la devoción a Dios, afecto fraternal; y al afecto fraternal, amor.
(2 PEDRO 1:5-7)

¿CÓMO SÉ QUE PUEDO SER UN ORIGINAL?

1. Saber si somos el Original de alguien puede generarnos algo de incertidumbre, pero hay algunos elementos que nos pueden ayudar.

2. La sanidad del corazón es un punto vital para ser un Original. Las experiencias negativas que no tengan un cierre apropiado en tu vida podrían dañar cualquier tipo de relación nueva que quieras empezar.

3. Debemos asegurarnos de estar preparados para ser tanto buenos proveedores, como mayordomos de lo que Dios entregue en nuestras manos.

4. El orden y la planificación en nuestras finanzas es fundamental. Tener conocimiento de las prácticas saludables de buena mayordomía es una señal positiva de que podemos estar preparados para ser el Original de alguien.

5. Es muy importante que entendamos nuestro motivo al buscar una pareja.

6. Existen motivos incorrectos, como, por ejemplo: "Tengo miedo de quedarme sola o solo", "Necesito salir de mi casa", "Siempre dije que no pasaría de cierta edad para casarme y estoy llegando a ella".

7. Con los motivos incorrectos, preparación y el tiempo incorrecto, no encontrarás a la persona correcta.

LO QUE SALE DE TU BOCA REVELA TU CORAZÓN

1. Dependiendo de cómo y cuándo decimos una verdad, tenemos el poder en la boca para maldecir o bendecir, alentar o arruinar a la futura pareja.

2. En la Biblia podemos encontrar 69 versículos[3] relacionados con el hablar prudentemente y los efectos que esto tendrá en la vida de quien recibe nuestras palabras.

3. Uno de los versículos más conocidos sobre la forma correcta de hablar, y que debemos tenerlo muy presente, es Proverbios 15:1: "La respuesta amable calma el enojo, pero la agresiva echa leña al fuego".

4. Hablar palabras negativas es igual que quitarle las plumas a un ave y tirarlas al aire. Al tratar de recogerlas nuevamente, jamás podrás recuperarlas todas. Siempre quedará alguna fuera de tu alcance, y esta es la que más daño hará a la persona que la recoja.

---

3. Consulta en línea: https://dailyverses.net/es/hablando/rvr60

5. No olvidemos que "de lo que abunda en el corazón habla la boca" (Lucas 6:45). Es conveniente recordar este pasaje pensando en la vida matrimonial.

6. La vida conyugal consiste en ayudar a tu compañero a alcanzar su máximo potencial.

CONOCERSE PARA SABER CÓMO AMAR Y SER AMADO

1. El conocimiento propio es fundamental para comenzar una relación. ¿Cómo podríamos saber si una persona nos suma o nos resta, si nosotros no sabemos lo que tenemos, quiénes somos y para dónde vamos?

2. Es importante saber qué nos mueve, qué nos gusta, qué queremos lograr, y aun saber cuál es nuestra definición del amor.

3. Conocer nuestro lenguaje de amor nos permitirá ser amados como nos gusta; pero también conocer el lenguaje de amor de nuestra pareja nos servirá para amarla de forma significativa y efectiva. Podemos conseguir amplia información sobre esta perspectiva en el libro "Los Cinco Lenguajes del Amor", de Gary Chapman.

a. Las palabras de afirmación implican dar palabras de ánimo, aprobación y motivación. Tal vez eres una persona que se siente amada cuando es reconocida y afirmada.

b. El tiempo de calidad describe a las personas que se sienten amadas cuando se toma tiempo para compartir con ellos. El compartir es vital para llenar su corazón de amor.

c. Recibir regalos es otro modo de dar y recibir amor. Lo importante aquí es el detalle del tiempo que se dedica a escoger lo que se va a regalar; el cariño y la atención que van envueltos en la elección del regalo.

d. El lenguaje de amor a través de actos de servicio puede ser otra de las formas en que tu pareja o tú se sientan amados. Por ejemplo: las tareas del hogar, mantenimiento de los autos, cocinar, etc.

e. El último lenguaje es el "contacto físico". Por medio de él comunicamos amor, sobre todo en las relaciones de parientes y parejas. Las personas que tienen este lenguaje necesitan recibir cariño físico para sentirse amadas.

LA CAJA DE LA VERDAD

1. ¿Existen experiencias negativas en tu infancia que han dañado tu corazón? ¿Cómo lo puedes reparar?

____

____

____

____

____

____

2. ¿Logras identificar el lenguaje de amor con el que te sientes amado? También puede ser más de uno. Describe cuál o cuáles son.

____

____

____

____

____

____

3. ¿Y qué hay del lenguaje de amor de tu pareja? ¿Lo identificaste?

____

____

____

____

____

____

4. Comparte qué es lo que más te ha gustado de este curso.

____

____

____

____

____

____

FACTS QUIZ (COTEJO DE TU REALIDAD)

Tómate unos minutos para responder brevemente estas preguntas a través de «sí» o «no».

Capítulo 1:
Dios es específico en el tiempo perfecto

* Cada paso que he dado y voy a dar ha sido guiado por Dios.

  ☐ Sí   ☐ No

* Siento que el tiempo, la preparación y los motivos son los correctos en mi relación y están alineados con el plan de Dios.

  ☐ Sí   ☐ No

Capítulo 2:
"Yugo desigual" y su amplio significado

* Tengo claro lo que significa estar en una relación que es yugo desigual y las consecuencias negativas que caen sobre futuras generaciones.

  ☐ Sí   ☐ No

* Estoy seguro(a) de que en mi relación no hay yugo desigual.

  ☐ Sí   ☐ No

Capítulo 3:
El yugo perfecto

* Mi relación con Dios es óptima, como para que pueda comenzar una relación saludable.

❏ Sí   ❏ No

* Como pareja, tenemos la misma visión de fe.

❏ Sí   ❏ No

Capítulo 4:
La Originalidad de Dios vs las Copias del Tentador

* Me siento libre de toda atadura que pueda dañar una relación.

❏ Sí   ❏ No

* Ambos creemos que la dirección de Dios es fundamental en nuestra relación.

❏ Sí   ❏ No

Capítulo 5:
Identifica la puerta correcta

* Siento que ella (él) es de bendición para mi vida.

❏ Sí   ❏ No

* Ambos hemos recibido señales de Dios que nos confirman la relación.

   ❑ Sí   ❑ No

Capítulo 6:
Copias en acción

* Disfruto la gran mayoría de las cosas que él (ella) hace. Me hace sentir amado(a).

   ❑ Sí   ❑ No

* Estoy seguro de que él (ella) no tiene comportamientos ocultos; lo (la) conozco lo suficiente.

   ❑ Sí   ❑ No

Capítulo 7:
Pasa en la vida real (¡alerta!)

* Estoy de acuerdo con el respeto absoluto, por eso jamás utilizaría la violencia física.

   ❑ Sí   ❑ No

* * Siento que él (ella) ha sabido integrarse con mi familia.

   ❑ Sí   ❑ No

Capítulo 8:
Un presagio de tu vida si te conformas con la Copia

* Siento que tengo un temperamento que ayuda a que mi relación sea buena.

☐ Sí　　☐ No

* Tenemos una misma y sana perspectiva sobre Dios.

☐ Sí　　☐ No

Capítulo 9:
Cierra las puertas a las Copias

* Tengo claro que mi amor por Dios es más importante que cualquier otro amor.

☐ Sí　　☐ No

* Ambos estamos de acuerdo en que aferrarse a un Copia, sin lugar a duda va en contra del plan de Dios.

☐ Sí　　☐ No

Capítulo 10:
Prepárate para ser el Original de alguien

* He madurado lo suficiente para sentirme un Original.

❏ Sí ❏ No

* * En nuestra relación son muchas más las palabras que edifican que las palabras necias.

❏ Sí ❏ No

Si respondiste «sí» a todas las aseveraciones, vas encaminado(a) a ser un Original.

Si respondiste «no» a algunas, es importante que revises tus actitudes y comportamientos, podrías estar necesitando trabajar diversas áreas de tu vida o de tu relación antes de formalizarla.

Si la mayoría de las respuestas fueron «no», deberías evaluar seriamente tu situación. Es probable que Dios tenga otros planes para ti. ¡No seas Copia, ni aceptes la Copia!

NOTAS FINALES

¡Felicitaciones! Hemos llegado al final del curso. Esperamos de todo corazón que hayas encontrado revelación, verdad y pasos prácticos en estas diez sesiones. Deseamos que seas guiado por la voz de Dios y que siempre mantengas presente que Él te creó, Él te ama y tiene lo mejor para ti. Si en este proceso has identificado a tu ORIGINAL, no dudes que tendrás una relación con mayores probabilidades de éxito. Por otra parte, si identificaste la COPIA, recuerda que con cada día a su lado estarás más lejos de tu propósito y plena felicidad. Dios tiene planes de bien para ti, y un matrimonio para toda la vida. ¡Adelante!

ACUERDO

(Para los solteros)

Yo, _________________________________ me comprometo:

1. A **permitir** que Dios me guíe, entendiendo que Él tiene lo mejor para mí al conocer mi pasado, presente y futuro.

2. A **buscar** la sabiduría y la guía divina en todos los aspectos de mi vida, incluyendo la decisión de con quién unir mi vida en matrimonio.

3. A **utilizar** los principios bíblicos para **identificar** todo lo que represente yugo desigual.

4. A **esforzarme** en construir una relación íntima con Dios como fundamento, **comprometiéndome** con Él en alma, cuerpo, y espíritu.

5. A **entregarle** a Dios mis sentimientos, emociones, sueños, anhelos, debilidades y fortalezas, para que elimine todo lo que pueda dañar su propósito conmigo.

6. A **mantenerme** vigilante a las señales y frutos que solo un Original puede exhibir.

7. A **reconocer** y **actuar** cuando existan comportamientos, actitudes y/o costumbres que desvirtúen la santidad que Dios espera en una relación.

8. A **respetar** mi tiempo y valor para no dedicar atención, recursos, ni esperanzas a la Copia.

9. A **prepararme** para ser todo un Original, que sume, eleve, e impulse.

10.	A **guardar** mi corazón y ser **paciente** para esperar a mi Original.

Finalmente, no aceptaré ser la Copia para otra persona, ni interponer mis sentimientos por encima de la perfecta voluntad de Dios. Tampoco me conformaré con una Copia cuando Dios tiene lo mejor para mí, la persona Original.

____

Firma

____

Fecha

ACUERDO

(Para líderes, padres, pastores y personas con influencia en la vida de los solteros)

Yo, _________________________________ me comprometo:

1. A **honrar** a Dios y al rol de influencia que me permite ejercer en la vida de los solteros que me rodean.

2. A **salvaguardar** los intereses e informaciones sensitivas según las necesidades de cada situación.

3. A **mantenerme** actualizado(a) con información y estrategias relevantes al tema de parejas, noviazgo y matrimonio.

4. A **plantear** las preguntas difíciles en el tiempo preciso, **identificar** cuando la situación amerite ayuda profesional y **proveer** recursos.

5. A **servir** como agente de luz, siendo específico con mis observaciones y consejos, velando siempre por el bienestar espiritual y emocional de la persona.

Seré diligente en mi relación con Dios para representar responsablemente los intereses divinos, y ser parte del proceso de restauración. Seré guía en el proceso de identificación de las Copias, y en la búsqueda de la persona Original.

____

Firma

____

Fecha

ACERCA DE LOS AUTORES

Linaje Escogido
Samuel y Joann González

Samuel y Joann González escogieron para su primer libro un mensaje que necesita toda nuestra sociedad: jóvenes que desean encontrar su cónyuge ideal, y personas viudas y divorciados buscando darse otra oportunidad de tener a su lado una pareja idónea que les complemente y junto a quien hacer una vida feliz bajo los parámetros que Dios desea para todos.

Aparte de hacer una valiosa contribución a la literatura cristiana, sin duda cambiarán las vidas de hombres y mujeres examinando los riesgos y errores de no terminar a tiempo una relación tóxica, y llevándolos por el camino claro y las guías infalibles para encontrar la pareja que Dios tiene para cada uno. ¡Impresionante sabiduría y revelación para una pareja tan joven!

Sin embargo, aunque este libro es una primicia importantísima, Samuel y Joann tienen el ministerio musical Linaje Escogido desde el año 2017. Es un dúo de música de adoración contemporánea que comenzó lanzando su primer sencillo "No temeré", una balada imponente que afirma la seguridad que existe al confiar en Dios en momentos de adversidad, seguido por el segundo sencillo "Mueve su manto", un himno que llama a declarar el nombre de Dios en medio de las pruebas. Ambas canciones son parte de su primera producción discográfica, homónimamente titulada "Linaje Escogido", que debutó en diciembre del 2018.

Linaje Escogido nace del llamado de este dúo de esposos a compartir sus experiencias de vida y de fe. Estos jóvenes puertorriqueños, radicados en Rhode Island, Estados Unidos, han unido su amor por la música y conocimientos en la fe para hablar *"a tiempo y fuera de tiempo sobre las virtudes de nuestro Creador"*, afirma el dúo.

El nombre "Linaje Escogido" resume su misión como ministerio y el testimonio individual y de pareja. Además, la temática ya existía en sus vidas aún antes de haberse conocido. Así lo explica Joann: "Nos *dimos cuenta de que el nombre estaba presente en varias de las canciones ya seleccionadas para el álbum, las cuales Sammy y yo escribimos aun antes de habernos conocido"*.

El álbum es una colección de temas de influencia pop y electrónica que plasman una energía alegre de adoración a lo largo del disco. Las composiciones traen un sonido fresco que sirve como plataforma para las voces de Joann y Samuel, complementándose en perfecta armonía.

Samuel González nació en Middletown, Nueva York, de padres puertorriqueños. El músico y cantautor creció en un hogar cristiano con un padre pastor y una madre, que, por vivir una niñez difícil, decidió romper el ciclo y cambiar una generación de orfandad por una generación dedicada al servicio a Dios. A los 12 años, Samuel descubrió su amor por la música, escuchando la agrupación que tenía la familia de su padre, y a los 17 años, comenzó su propio ministerio musical.

Joann González Rivera, nacida y criada en Puerto Rico, es nieta e hija de pastores que impactaron la vida de muchos jóvenes, incluyendo la suya. Rodeada por la música desde pequeña gracias al ministerio musical de sus padres, Joann siempre sintió amor por la música. En el 2015, Joann decidió perseguir su llamado a la música y, al poco tiempo de tomar esta decisión, conoció a Samuel, quien sería su esposo y compañero ministerial. Además de dedicarse a la música, ambos ejercen carreras profesionales; Joann es ingeniera industrial y Samuel es higienista dental.

El dúo lleva como lema la promesa y el llamado del versículo bíblico en 1 Pedro 2:9: "*Pero ustedes son linaje escogido, real sacerdocio, nación santa, pueblo que pertenece a Dios, para que proclamen las obras maravillosas de aquel que los llamó de las tinieblas a su luz admirable*".

Linaje Escogido es un ministerio que está profundamente comprometido con Dios. Siendo agentes de luz, llevando el mensaje de esperanza y salvación a través de todo lo que hacen.

LINAJE ♛ ESCOGIDO

Contacto:
  Annette Rivera Pérez (Inglés / Español)
  +1-787-479-2814 (WhatsApp)

Correo Electrónico:
  linajeescogidomusic1@gmail.com

Páginas Web:
- linajeescogidomusic.com
- dilenoalacopia.com

Redes Sociales:
- Instagram: @linajeescogidomusic
- Facebook: @linajeescogidomusic1
- YouTube: @LinajeEscogidoMusic

Escucha nuestra música (Linaje Escogido) en todas las plataformas digitales:
- Spotify
- Amazon Music
- Apple Music
- Deezer
- Pandora
- Google Play
- Claro Música